¿Procede o no Procede?

Tipificación de la fracción XXX
del artículo 28 de la Ley del Impuesto Sobre la
Renta para establecer la procedencia o
improcedencia del Juicio de Amparo en su
contra.

Dr. Guillermo Robertson Andrade

¿Procede o no Procede?
Tipificación de la fracción XXX del artículo 28 de la L.I.S.R. Para establecer la procedencia o improcedencia del juicio de amparo en su contra.
Primera edición 2015.

¿Procede o no Procede?
Tipificación de la fracción XXX del artículo 28 de la L.I.S.R. Para establecer la procedencia o improcedencia del juicio de amparo en su contra D.R. © Dr. Marcos Guillermo Robertson Andrade

Para esta edición
D.R. © RS Ediciones
Moctezuma No. 718-4 Zona Centro
Teléfono (646) 204.22.73
Ensenada, B.C. C.P. 22800
info@rscorporativo.com

Edición y corrección
D.R. © Wendy R. Saracho Narcio.

Portada
D.R. © Wendy R. Saracho Narcio.

¿Procede o no Procede?
Tipificación de la fracción XXX del artículo 28 de la L.I.S.R. Para establecer la procedencia o improcedencia del juicio de amparo en su contra
Primera edición 2015. Es una publicación de:
Corporativo Robertson, Saracho, Del Peral S.C. de R.L. de C.V.
Moctezuma No.718-4 Zona Centro
Ensenada B.C. C.P. 22800
Oficina. (646) 204.22.73
ISBN: 978-1511598163

"Quien no ha afrontado la adversidad, no conoce su propia fuerza"

Benjamín Jonson

¿Procede o no Procede?

Dr. Guillermo Robertson Andrade

Dedicatoria

Este trazado de arquitectura lo dedico en especial al Gran Arquitecto de los Universos; a mis hijos Carol Melissa y Bryan Guillermo, a ti Michelle que me has adoptado como tu papá; por supuesto, a mi gran amor y compañera en este transcurrir de la vida, Lupita Saracho, quién con sus sacrificios y comprensión me ha permeado de todas las planchas que se ponen a consideración de los amables lectores. Sí Lupita, este libro es para ti, no puede faltar la dedicatoria a mis padres, quienes me han forjado y hecho de mí, un hombre de lucha constante, de aprendizaje y sobre todo, me han enseñado siempre permanecer firme hasta el final. Un saludo y abrazo, así como toda mi gratitud a mis hermanos María del Carmen, Martha Rosalía y Luis Antonio. En forma muy especial el presente va para ti querido suegro, don Rubén Saracho Romero, que ya reposas en el eterno oriente y que desde allá me inspiras recordando tus sabios consejos; por ello fuiste, eres y seguirás siendo todo un ejemplo de vida. A mi madre logia adoptiva Occidental N°1. También a mi querida Wendy (ahora si te lo dediqué mija) y a mis amigos y hermanos. Por supuesto, "a ti contribuyente, pues es para ti una herramienta en el devenir de tu vida empresarial".

¿Procede o no Procede?
Dr. Guillermo Robertson Andrade

Prólogo

¿Procede o no Procede?

Dr. Guillermo Robertson Andrade

Escribir el prólogo de un libro es un honor que recibo con agrado, porque entre otras cosas, me da la oportunidad de felicitar a un profesional que posee un amplio acervo de conocimientos del Derecho, adquiridos con la inversión de muchas horas de estudio y análisis de obras jurídicas, inclusive robándole muchas horas al sueño y sacrificando algunos fines de semana.

Todo lo anterior para compartirnos en forma desinteresada el Dr. Guillermo Robertson Andrade, la obra titulada: **¿Procede o no Procede?** Tipificación de la fracción XXX del artículo 28 de la L.I.S.R. Para establecer la procedencia o improcedencia del Juicio de Amparo en su contra, realizando, además, un esfuerzo para reunir al mismo tiempo las cualidades de claridad, sencillez y sobre todo del manejo de un tema de actualidad.

Considerando que la economía de nuestro país, se encuentra soportada principalmente por la obtención de ingresos regulados dentro del marco del Derecho Privado, como lo es la explotación de sus bienes patrimoniales o de ingresos por actividades realizadas dentro de la esfera del derecho público como lo es, el que percibe el Estado por tributos y desde luego ajustándose a un presupuesto de ingresos para poder sufragar sus egresos.

Las autoridades fiscales, con el objeto de cumplir con sus compromisos y a través de reformas hacen predominar nuevas formas de considerar ingresos gravables y menos beneficios al señalar más conceptos no deducibles, que por lo general le son aplicados a causantes cautivos "quienes están inscritos ante el Registro Federal de Contribuyentes".

Teniendo como consecuencia una gran inseguridad jurídica del gobernado, año con año, ante los constantes cambios, que muchas de las veces infieren en la esfera jurídica del contribuyente, como lo es el caso de no permitir que el total del importe de la nómina sea 100% deducible, limitándola en la fracción XXX del artículo 28 de la Ley del Impuesto Sobre la Renta.

Por lo anterior, el propósito de esta obra es, entre otros, apoyar a abogados, contadores, administradores, empresarios, así como a cualquier otra persona que tenga injerencia en la toma de decisiones de una empresa, en la procedencia del Juicio de Amparo en contra de la fracción XXX del artículo 28 de la Ley del Impuesto Sobre la Renta, apoyándose en este documento de fácil comprensión, proporcionando una certeza jurídica al actuar ante las autoridades.

Pedro Hernández Ordaz

C.P. y M.I.

Antes de inicio

La idea de escribir un libro sobre la tipificación

de la fracción XXX del artículo 28 de la Ley del

Impuesto Sobre la Renta para establecer su

procedencia o improcedencia de un Juicio de Amparo

en su contra, nació en Toledo, España, durante mi

estancia en aquel país.

En aquel entonces cursaba la especialidad

"Prevención del Fraude Fiscal y Blanqueo de

Capitales", impartida en la Universidad Castilla la

Mancha.

Durante una de tantas y por cierto muy amenas charlas que sostuve con los Doctores Oswaldo Reyes Mora y José Miguel Morales, los tres comentábamos ampliamente sobre el tema de la procedencia e improcedencia del Juicio de Amparo versus de subir la contabilidad de los pagadores de impuestos al portal del S.A.T.

De la misma manera, glosábamos también sobre la tipificación de la fracción XXX del artículo 28 de la L.I.S.R. para determinar así la procedencia e improcedencia del Juicio de Amparo en su contra.

Dichas conversaciones arrojaron amplias y grandes luces y conocimientos sobre éste y otros temas que serán analizados próximamente en diversos trazados.

Durante las conversaciones, amplias y profundas, observamos principalmente como la citada fracción XXX de la L.I.S.R. si afecta a los contribuyentes, y sobre todo, pudimos vislumbrar como es que la misma resulta ser inconstitucional e inconvencional.

Pese a que esto último no es tema de este libro, es importante citarlo porque aquéllas conversaciones aportaron material para éste y otros libros próximos a publicar.

Asimismo fue el deseo de que los pagadores de impuestos de mi país cuenten con dirección clara sobre este tema, es que me he inclinado de manera previa a burilar el presente libro, esperando sea de su más amplio agrado, claro.

Es de aclarar que probablemente a las autoridades fiscales no les agrade, pero bueno, tal cual lo dice mi querido amigo y mentor el Dr. Oswaldo Reyes Mora, ese, no es mi problema.

Consideraciones Generales

¿Procede o no Procede?

Dr. Guillermo Robertson Andrade

Durante el desarrollo de este ensayo jurídico, pretendo responder a la siguiente pregunta: ¿Qué tipo de norma es la fracción XXX del artículo 28 de la Ley del Impuesto Sobre la Renta (vigente a partir del 01 de enero de 2014), para efectos de la procedencia o improcedencia del Amparo Indirecto?

Antes de comenzar a disertar sobre el tema, será necesario recordar lo que establece dicho mandato; por lo cual cito al pie el texto de la fracción XXX del Artículo 28, de la Ley del Impuesto Sobre la Renta, el cual afirma:

"ARTÍCULO 28. Para los efectos de este Título, no serán deducibles:

XXX Los pagos que a su vez sean ingresos exentos para el trabajador, hasta por la cantidad que resulte de aplicar el factor de 0.53 al monto de dichos pagos. El factor a que se refiere este párrafo será del 0.47 cuando las prestaciones otorgadas por los contribuyentes a favor de sus trabajadores que a su vez sean ingresos exentos para dichos trabajadores, en el ejercicio de que se trate, no disminuyan respecto de las otorgadas en el ejercicio fiscal inmediato anterior."

En el presente caso, previo al análisis de la procedencia del Juicio de Amparo, se debe determinar la naturaleza jurídica de la citada norma, ya que ello constituye una premisa que permite analizar con claridad, la afectación que pudiera causar al bienestar

jurídico del gobernado.

Sobre este último punto en lo específico, el

artículo 107, fracción I de la Constitución Política de

los Estados Unidos Mexicanos, establece lo siguiente:

"ARTÍCULO 107. Las controversias de que habla el artículo 103 de esta Constitución, con excepción de aquellas en materia electoral, se sujetarán a los procedimientos que determine la ley reglamentaria, de acuerdo con las bases siguientes:

I. El juicio de amparo se seguirá siempre a instancia de parte agraviada, teniendo tal carácter quien aduce ser titular de un derecho o de un interés legítimo individual o colectivo, siempre que alegue que el acto reclamado viola los derechos reconocidos por esta Constitución y con ello se afecte su esfera jurídica, ya sea de manera directa o en virtud de su especial situación frente al orden jurídico. Tratándose de actos o resoluciones provenientes de tribunales judiciales, administrativos o del trabajo, el quejoso deberá aducir ser titular de un derecho subjetivo que se afecte de manera personal y directa;"

Como podemos notar en el texto constitucional, la afectación a la vida jurídica del ciudadano puede vincularse en dos aspectos:

a. En su interés jurídico.

b. En su interés legítimo.

Sin embargo, invariablemente, se requerirá esa afectación, cuyo momento en que se genera, determina que la norma deba considerarse de una o dos maneras:

a. Autoaplicativa o

b. Heteroaplicativa.

En mi opinión, el interés jurídico consiste en el derecho que le asiste a un particular para reclamar, en la vía jurisdiccional, algún acto que le depare menoscabo, es decir, se refiere a un derecho subjetivo protegido por alguna norma legal que se ve afectado por el acto de autoridad ocasionando un perjuicio a su titular, esto es, una ofensa, daño o detrimento en los

derechos o intereses del particular.

Por lo que podemos decir que, el interés

jurídico, se refiere a la titularidad de los derechos

afectados con el acto reclamado de manera que el

sujeto de tales derechos pueda ocurrir a juicio.

En otras palabras, el interés jurídico se

considera como la facultad de un particular para exigir

del Estado una determinada conducta que se traduce

en un hacer, un dar, o un no hacer, protegida por el

derecho objetivo en forma directa.

Con respecto al Interés legítimo, en mi leal

saber y entender, puedo afirmar que,

semánticamente, el concepto de interés legítimo tiene

dos acepciones:

1. El interés de una persona reconocido y protegido por el derecho.

2. La situación jurídica que se ostenta en relación con la actuación de otra persona y que conlleva la facultad de exigirle, a través de un procedimiento administrativo o judicial, un comportamiento ajustado a derecho.

Sobre este tópico, la institución es de modelo jurisprudencial, tendiente a la tutela de actos y, en especial, omisiones de la autoridad administrativa, donde destaca la debida prestación de servicios públicos, que siendo contrarias al orden jurídico, impliquen un perjuicio calificado a cierto o ciertos sujetos en cualquiera de sus intereses.

Por esa razón, se confiere un poder de exigencia respecto a la legitimidad en el actuar administrativo.

Al hablar de intereses legítimos se incluye a todos aquellos que sean compatibles con el interés público lesionado o desatendido por la administración.

Con especial claridad y precisión Guariño (1994: 112) dice: "Se tiene interés legítimo si la norma se establece en interés general, pero una categoría de sujetos adquiere una ventaja específica con su cumplimiento..."

Asimismo Rocco (1983: 27) afirma que "el interés legítimo del ciudadano se da cuando coincide con el interés del Estado..."

Dicho con otras palabras:

Si existe un interés del Estado, tutelado, coincidente en sus consecuencias con el del particular, éste puede exigir su cumplimiento; viene a ser una tutela indirecta u ocasional debido a la concomitancia aunque para propósitos distintos.

Algunas peculiaridades y constantes más comunes del concepto son, entre otras: que se trata de un interés patrimonial o moral por la legalidad pero calificado; lo que implica sea personal y directo; que beneficie destacadamente a cierto individuo o a un círculo limitado de personas y, por último, que la afectación o beneficio puede ser actual, eventual o retrospectivo.

El interés legítimo deviene en un instrumento, susceptible de satisfacer de un modo mediato y eventual los intereses de índole sustancial del particular. Dada la finalidad garantista y de acceso a la justicia que caracteriza al interés legítimo, resulta preferente aplicar, en su caso, el principio "in dubio pro accione."

Con respecto a la norma heteroaplicativa, aquella lo es cuando es necesario un auto de recepción o transformación de dicho tratado para incorporarse a la legislación interna y que surte efectos hasta el primer acto de aplicación, como lo puede ser un requerimiento, una multa, en fin un acto de aplicación.

En el caso de la norma autoaplicativa, cobra vigor con la sola aplicación de las disposiciones, reglamentos o normas, y puede afectar de manera directa intereses del gobernado.

Es decir, que con la sola publicación generalmente en el Diario Oficial de la Federación de la norma, esta misma afecta al gobernado, precisamente porque el contribuyente tiene obligación de aplicarse dicha norma.

Cabe señalar que sobre el particular, los artículos 17, fracción I; 61, fracciones XII y XIV y 107, fracción I, de la Ley de Amparo, previenen la procedencia del Juicio de Amparo Indirecto contra normas de carácter general, los cuales serán citados literalmente en la segunda sección del presente.

Asimismo para distinguir su naturaleza autoaplicativa o heteroaplicativa, de acuerdo con los términos en que se encuentra establecida la norma de referencia, debe atenderse al momento en que se ocasiona al contribuyente un perjuicio cierto en sus

derechos jurídicos "ya sea de manera directa o en

virtud de su especial situación frente al orden jurídico"

todo esto sobre la base en lo dispuesto en la fracción I

del artículo 107 de la Constitución Política de los

Estados Unidos Mexicanos; lo que conlleva también a

determinar cuándo y de qué término dispone el

agraviado para ejercer la acción constitucional.

¿Procede o no Procede?
Dr. Guillermo Robertson Andrade

Análisis

¿Procede o no Procede?
Dr. Guillermo Robertson Andrade

Con el ánimo de evitar vanas discusiones y supuestos análisis que no llevan a ninguna conclusión satisfactoria; el presente análisis será elaborado en base a los siguientes marcos: El legal, el conceptual, el jurisprudencial y por supuesto el exegético; aplicado básicamente a la fracción XXX del Artículo 28 de la Ley del Impuesto Sobre la Renta (vigente a partir del 01 de enero de 2014).

Marco Legal

¿Procede o no Procede?

Dr. Guillermo Robertson Andrade

Para este efecto, resulta sumamente importante citar las disposiciones en los artículos 17, fracciones I, II, III y IV; 61, fracciones XII y XIV y 107 fracción I incisos a) a la g) de la Ley de Amparo, los cuales serán la base jurídica de esta ponencia y dentro de este marco solo serán citados textualmente:

ARTÍCULO 17. El plazo para presentar la demanda de amparo es de quince días, salvo:

I. Cuando se reclame una norma general autoaplicativa, o el procedimiento de extradición, en que será de treinta días;

II. Cuando se reclame la sentencia definitiva condenatoria en un proceso penal, que imponga pena de prisión, podrá interponerse en un plazo de hasta ocho años;

III. Cuando el amparo se promueva contra actos que tengan o puedan tener por efecto privar total o parcialmente, en forma temporal o definitiva, de la propiedad, posesión o disfrute de sus derechos agrarios a los núcleos de población ejidal o comunal, en que será de siete años, contados a partir de que, de manera indubitable, la autoridad responsable notifique el acto a los grupos agrarios mencionados;

IV. Cuando el acto reclamado implique peligro de privación de la vida, ataques a la libertad personal fuera de procedimiento, incomunicación, deportación o expulsión, proscripción o destierro, desaparición forzada de personas o alguno de los prohibidos por el artículo 22 de la Constitución Política de los Estados Unidos Mexicanos, así como la incorporación forzosa al Ejército, Armada o Fuerza Aérea Nacionales, en que podrá presentarse en cualquier tiempo.

ARTÍCULO 61. El juicio de amparo es improcedente:

...

XII   Contra actos que no afecten los intereses jurídicos o legítimos del quejoso, en los términos establecidos en la fracción I del artículo 5o de la presente Ley, y contra normas generales que requieran de un acto de aplicación posterior al inicio de su vigencia;

...

XIV   Contra normas generales o actos consentidos tácitamente, entendiéndose por tales aquellos contra los que no se promueva el juicio de amparo dentro de los plazos previstos.

No se entenderá consentida una norma general, a pesar de que siendo impugnable en amparo desde el momento de la iniciación de su vigencia no se haya reclamado, sino sólo en el caso de que tampoco se haya promovido amparo contra el primer acto de su aplicación en perjuicio del quejoso.

Cuando contra el primer acto de aplicación proceda algún recurso o medio de defensa legal por virtud del cual pueda ser modificado, revocado o nulificado, será optativo para el interesado hacerlo valer o impugnar desde luego la norma general en Juicio de Amparo. En el primer caso, sólo se entenderá consentida la norma general si no se promueve contra ella el amparo dentro del plazo legal contado a partir del día siguiente de aquél en que surta sus efectos la notificación de la resolución recaída al recurso o medio de defensa, si no existieran medios de defensa ordinarios en contra de dicha resolución, o de la última resolución recaída al medio de defensa ordinario previsto en ley contra la resolución del recurso, aun cuando para fundarlo se hayan aducido exclusivamente motivos de ilegalidad.

Si en contra de dicha resolución procede amparo directo, deberá estarse a lo dispuesto en el capítulo respectivo a ese procedimiento.

ARTÍCULO 107. El amparo indirecto procede:

I.   Contra normas generales que por su sola entrada en vigor o con motivo del primer acto de su aplicación causen perjuicio al quejoso.

Para los efectos de esta Ley, se entiende por normas generales, entre otras, las siguientes:

a)   Los tratados internacionales aprobados en los términos previstos en el artículo 133 de la Constitución Política de los Estados Unidos Mexicanos; salvo aquellas disposiciones en que tales tratados reconozcan derechos humanos;

b)   Las leyes federales;

c)   Las constituciones de los Estados y el Estatuto de Gobierno del Distrito Federal;

d)   Las leyes de los Estados y del Distrito Federal;

e)   Los reglamentos federales;

f)   Los reglamentos locales; y

g)   Los decretos, acuerdos y todo tipo de resoluciones de observancia general;

Marco Conceptual

De los numerales transcritos en la sección anterior, se desprende que las normas de carácter general pueden ser impugnadas mediante juicio de amparo en distintos momentos, atendiendo a la naturaleza de la propia norma.

Lo anterior significa que, si por su sola entrada en vigor causan un perjuicio, o bien, si requieren de un acto de autoridad o alguna actuación equiparable que concrete la aplicación al particular de la norma en cuestión.

El primer caso concierne a las denominadas leyes autoaplicativas, que son las que producen efectos jurídicos frente a sus destinatarios por sí mismas, sin requerir un acto de aplicación.

En efecto, respecto de tales leyes, al iniciarse su vigencia vinculan a los gobernados a los deberes jurídicos en ellas contenidas.

Luego, si los extremos de hecho contenidos en la hipótesis normativa se actualizan automáticamente sin que sea menester el acto de aplicación, procederá en su contra el juicio de amparo.

Así, basta con que el particular se encuentre ubicado en los supuestos que se establecen en un determinado ordenamiento legal que afecte su interés jurídico o legítimo, que por su sola expedición le obliguen a hacer, dejar de hacer o dar, provocando la afectación de su esfera jurídica sin ningún acto, para

que esté en aptitud de ejercitar la acción de amparo

dentro del plazo de treinta días contados a partir de la

entrada en vigor de la disposición de que se trate; esto

sobre la base y lo dispuesto en el artículo 17, primer

párrafo, de la Ley de Amparo.

Pero si transcurre ese término y no se promueve el

juicio de garantías, el gobernado debe esperar un primer

acto de aplicación en su perjuicio, que no

necesariamente debe venir de una autoridad, sino de

cualquier persona, un tercero o el propio quejoso, que

introduce esa aplicación; entonces, a partir de ese

primer acto de aplicación el afectado puede promover el

juicio de amparo en el plazo de quince días, como se

vio anteriormente (artículo 61, fracción XIV, segundo

párrafo, de la Ley de Amparo).

Por el contrario, y en el segundo caso, tratándose de leyes heteroaplicativa, que son aquellas que, por sí solas no afectan la esfera de los gobernados, sino que es necesaria la aplicación de la norma jurídica mediante un acto de subsunción posterior al inicio de su vigencia; el término con que cuenta el agraviado para promover el juicio de amparo es de quince días, según la regla general prevista en el primer párrafo del artículo 17 de la multicitada Ley de Amparo.

Así, hay una secuencia o desarrollo específico respecto de esta diferencia entre leyes autoaplicativas o heteroaplicativas, lo que es así porque tratándose de las segundas, no se puede promover el amparo sino hasta que se genera el primer acto de aplicación, ya sea que provenga de una autoridad, de un tercero o del propio solicitante de garantías, porque así lo exige o establece la ley.

Siendo que para distinguir entre ambos tipos de normas, se reitera que debe atenderse a la forma o momento en que se individualizan en la esfera jurídica de los destinatarios, pues cuando las obligaciones derivadas de la ley nacen con ella misma, independientemente de que no se actualice condición alguna, se estará en presencia de una ley autoaplicativa o de individualización incondicionada; en cambio, cuando las obligaciones de hacer o de no hacer que impone la ley, no surgen en forma automática con su sola entrada en vigor, sino que se requiere para actualizar el perjuicio de un acto diverso que condicione su aplicación, se tratará de una disposición heteroaplicativa o de individualización condicionada.

¿Procede o no Procede?

Dr. Guillermo Robertson Andrade

Marco Jurisprudencial

¿Procede o no Procede?

Dr. Guillermo Robertson Andrade

Resulta aplicable el criterio jurisprudencial sostenido por el pleno de la Suprema Corte de Justicia de la Nación, a lo expuesto en los marcos conceptual y legal. Según la fuente citada, con respecto a las leyes autoaplicativas y heteroaplicativas, la tesis jurisprudencial correspondiente a este tópico, la máxima autoridad judicial de la nación considera lo siguiente:

Tipo de documento: Jurisprudencia
Época: Novena época
Instancia: Pleno
Fuente: Apéndice 1917-Septiembre 2011
Tomo: Tomo II. Procesal Constitucional 2. Amparo contra leyes Primera Parte - SCJN Segunda Sección - Procedencia del amparo indirecto contra leyes
Página: 3738

"Leyes autoaplicativas y heteroaplicativas. Distinción basada en el concepto de individualización incondicionada.

Para distinguir las leyes autoaplicativas de las heteroaplicativas conviene acudir al concepto de individualización incondicionada de las mismas, consustancial a las normas que admiten la procedencia del juicio de amparo desde el momento que entran en vigor, ya que se trata de disposiciones que, acorde con el imperativo en ellas contenido, vinculan al gobernado a su cumplimiento desde el inicio de su vigencia, en virtud de que crean, transforman o extinguen situaciones concretas de derecho. El concepto de individualización constituye un elemento de referencia objetivo para determinar la procedencia del juicio constitucional, porque permite conocer, en cada caso concreto, si los efectos de la disposición legal impugnada ocurren en forma condicionada o incondicionada; así, la condición consiste en la realización del acto necesario para que la ley adquiera individualización, que bien puede revestir el carácter de administrativo o jurisdiccional, e incluso comprende al

acto jurídico emanado de la voluntad del propio particular y al hecho jurídico, ajeno a la voluntad humana, que lo sitúan dentro de la hipótesis legal. De esta manera, cuando las obligaciones derivadas de la ley nacen con ella misma, independientemente de que no se actualice condición alguna, se estará en presencia de una ley autoaplicativa o de individualización incondicionada; en cambio, cuando las obligaciones de hacer o de no hacer que impone la ley, no surgen en forma automática con su sola entrada en vigor, sino que se requiere para actualizar el perjuicio de un acto diverso que condicione su aplicación, se tratará de una disposición heteroaplicativa o de individualización condicionada, pues la aplicación jurídica o material de la norma, en un caso concreto, se halla sometida a la realización de ese evento. 1004936. 138. Pleno. Novena Época. Apéndice 1917-Septiembre 2011. Tomo II. Procesal Constitucional 2. Amparo contra leyes Primera Parte - SCJN Segunda Sección - Procedencia del amparo indirecto contra leyes, Pág. 3738.
Amparo en revisión 2104/91. — Corporación Videocinematográfica México, S.A. De C.V. —20 de febrero de 1996. —Unanimidad de nueve votos. — Ausentes: Juventino V. Castro y Castro y José de Jesús Gudiño Pelayo. —Ponente: Genaro David Góngora Pimentel. —Secretaria: Rosalba Becerril Velázquez.
Amparo en revisión 1811/91. —Vidriera México, S.A. Y otros. —4 de junio de 1996. —once votos. — Ponente: Juan Díaz Romero. —Secretario: Alejandro Sánchez López.
Amparo en revisión 1628/88. —Vidrio Neutro, S.A. Y otros. —4 de junio de 1996. —Unanimidad de diez

votos. —Ausente: José Vicente Aguinaco Alemán. — Ponente: Genaro David Góngora Pimentel. — Secretario: Víctor Francisco Mota Cienfuegos. Amparo en revisión 1525/96. —Jorge Cortés González. —8 de mayo de 1997. —Unanimidad de diez votos. — Ausente: Mariano Azuela Güitrón. —Ponente: Genaro David Góngora Pimentel. —Secretario: Víctor Francisco Mota Cienfuegos. Amparo en revisión 662/95. —Hospital Santa Engracia, S.A. De C.V. —29 de mayo de 1997. —Unanimidad de nueve votos. —Ausentes: José de Jesús Gudiño Pelayo y Olga María Sánchez Cordero. —Ponente: Juan Díaz Romero. —Secretario: Alejandro Sánchez López.

El tribunal pleno, en su sesión privada celebrada el siete de julio en curso, aprobó, con el número 55/1997, la tesis jurisprudencial que antecede. —México, Distrito Federal, a siete de julio de mil novecientos noventa y siete.

Semanario Judicial de la Federación y su Gaceta, novena época, tomo VI, julio de 1997, página 5, pleno, tesis p. /j. 55/97; véase ejecutoria en el Semanario Judicial de la Federación y su Gaceta, novena época, tomo VI, agosto de 1997, página 317.
Apéndice 1917-2000, tomo I, materia constitucional, jurisprudencia, Suprema Corte de Justicia de la Nación, página 383, pleno, tesis 328.

Marco Exegético

En el caso particular de la fracción XXX del artículo 28, de la Ley del Impuesto Sobre la Renta, esta limita las deducciones de la base del impuesto sobre la renta, de personas morales o personas físicas contribuyentes, que tengan a su vez el carácter de ingresos exentos para el trabajador, con base en dos porcentajes de cincuenta y tres (53%) o cuarenta y siete (47%).

Como lo vimos al inicio del presente análisis, el mencionado artículo especifica, en su fracción treinta, que no serán deducibles "Los pagos que a su vez sean ingresos exentos para el trabajador, hasta por la cantidad que resulte de aplicar el factor de 0.53% al monto de dichos pagos. El factor a que se refiere este párrafo ' será del 0.47% cuando las prestaciones otorgadas por los contribuyentes a favor de los trabajadores que a su vez sean ingresos exentos para dichos trabajadores, en el ejercicio de que se trate, no disminuyan respecto de las otorgadas en el ejercicio fiscal inmediato anterior."

El suscrito, considera que la naturaleza del artículo 28 fracción XXX, de la Ley del Impuesto Sobre la Renta, vigente en dos mil catorce, es autoaplicativa, ya que las limitantes que contiene nacen con su sola vigencia, en la medida que trastocan la

mecánica de cálculo de las deducciones con las que

venían operando los contribuyentes, sin que sea

relevante el momento en que se actualizan tales

restricciones, ya que, en todo caso, los contribuyentes

deberán ajustarse a las nuevas reglas.

Al hacer referencia al límite de una deducción,

se considera aplicable por analogía al presente caso, la

jurisprudencia 2a. /J. 64/2007, emitida por la Segunda

Sala de la Suprema Corte de Justicia de la Nación,

visible en el Semanario Judicial de la Federación y su

gaceta, tomo XXV, novena Época, correspondiente al

mes de mayo de dos mil siete, página 1079, la cual

establece:

"Renta. El artículo 32, fracción XXVI, de la ley del impuesto relativo es de naturaleza autoaplicativa (legislación vigente a partir del 1o. De enero de 2005). El citado precepto adicionado mediante decreto publicado en el Diario Oficial de la Federación el 1o. de diciembre de 2004, que establece un límite en la deducción de la parte de los intereses derivados de deudas que tenga el contribuyente en exceso en relación con su capital en la proporción de 3 a 1, provenientes de capitales tomados en préstamo otorgados por una o más personas que se consideren partes relacionadas del causante residentes en el extranjero, así como de los que provengan de capitales tomados en préstamo de una parte independiente residente en el extranjero, es de naturaleza autoaplicativa, o sea de individualización incondicionada, ya que la prohibición de deducir tales intereses conforme a las mencionadas reglas nace con la sola vigencia de la norma, es decir, se actualiza con la circunstancia de que el contribuyente se ubique en tales supuestos.

Esto es, la adición del artículo 32, fracción XXVI, de la Ley del Impuesto Sobre la Renta trajo como resultado la creación de situaciones concretas de derecho en torno de un sistema de deducción con el que venían operando los contribuyentes personas morales, pues el referido numeral establece el conjunto de disposiciones relacionadas con la mecánica para determinar la parte del universo de intereses a cargo del contribuyente que cumplan con la cualidad descrita y excedan el límite anteriormente señalado que, consecuentemente, no serán deducibles, implicando cambios en su esquema contable y fiscal, sin que sea relevante el momento en que jurídica y fácticamente se actualiza la sanción de la propia norma consistente en el impedimento a deducir dichos intereses."

En los mismos términos, se considera aplicable al presente caso, la jurisprudencia 1a./J. 66/2007 emitida por la Primera Sala de la Suprema Corte de Justicia de la Nación, visible en el Semanario Judicial de la Federación y su Gaceta, tomo XXV, Novena Época, correspondiente al mes de mayo de dos mil siete, página 716, la cual establece:

"Renta. El Artículo Tercero, fracción III, del decreto por el que se reforman, adicionan, derogan y establecen diversas disposiciones de la Ley del Impuesto relativo entre otras, publicado en el Diario Oficial de la Federación el 1o. de diciembre de 2004, es de naturaleza autoaplicativa.

El citado precepto establece que los contribuyentes que a la entrada en vigor de la fracción XXVI del artículo 32 de dicha ley, determinen el monto de sus deudas superior en 3 a 1 con respecto a su capital contable, tendrán un plazo de 5 años contado a partir del 1o. De enero de 2005 para reducirlo proporcionalmente por partes iguales en cada uno de los 5 ejercicios, hasta llegar al límite establecido en el citado precepto legal, sin deducir los intereses devengados a partir de esa fecha, cuando el causante no cumpla con tal disminución en el mencionado plazo, tiene la naturaleza de una norma autoaplicativa, pues esa obligación nace con la disposición misma, sin que sea obstáculo que la no deducción de esa parte de los intereses, ante la omisión en el cumplimiento de la obligación descrita, se sujete a una condición suspensiva de realización incierta (sólo si el causante no disminuye las deudas en el plazo señalado), pues en cuanto la norma adquiere vigencia los contribuyentes son compelidos a disminuir los intereses excedentes del límite correspondiente, aplicando el procedimiento establecido en el artículo 32, fracción XXVI, de la Ley del Impuesto Sobre la Renta."

Así, la modificación al sistema de deducciones con que operaban los gobernados hasta el treinta y uno de diciembre de dos mil trece, limitándolas, impone a sus destinatarios la necesidad de evaluar el conservar, matizar o eliminar las prestaciones que otorgaban a sus trabajadores vinculadas con dicha norma.

Lo anterior se revela claramente en el artículo 28, fracción XXX de la Ley del Impuesto Sobre la Renta, ya que la decisión de mantener, disminuir o eliminar los gastos relacionados con dicho precepto, generará que el factor de deducción varíe entre un 0.47% o 0.53% por ciento, y el aplicar la primera tasa dependerá de que "no disminuyan respecto de las otorgadas en el ejercicio fiscal inmediato anterior".

Además, el límite de deducción en los gastos de previsión social como un ingreso exento para los trabajadores, afecta igualmente a los contribuyentes

que habían pactado esas prestaciones, sujetándolas a

dicha restricción desde la entrada en vigor de las

normas reclamadas.

Siendo que la previsión social fue definida por

el legislador en el artículo 7°, quinto párrafo, de la Ley

del Impuesto Sobre la Renta, de la manera siguiente:

Artículo 7

...
Para los efectos de esta ley, se considera previsión
social las erogaciones efectuadas que tengan por objeto
satisfacer contingencias o necesidades presentes o
futuras, así como el otorgar beneficios a favor de los
trabajadores o de los socios o miembros de las
sociedades cooperativas, tendientes a su superación
física, social, económica o cultural, que les permitan el
mejoramiento en su calidad de vida y en la de su
familia. En ningún caso se considerará previsión social
a las erogaciones efectuadas a favor de personas que no
tengan el carácter de trabajadores o de socios o
miembros de sociedades cooperativas.

Asimismo, el artículo 93 de la Ley del Impuesto Sobre la Renta, establece los ingresos que serán exentos para los trabajadores, al precisar:

Artículo 93. No se pagará el impuesto sobre la renta por la obtención de los siguientes ingresos:

I. Las prestaciones distintas del salario que reciban los trabajadores del salario mínimo general para una o varias áreas geográficas, calculadas sobre la base de dicho salario, cuando no excedan de los mínimos señalados por la legislación laboral, así como las remuneraciones por concepto de tiempo extraordinario o de prestación de servicios que se realice en los días de descanso sin disfrutar de otros en sustitución, hasta el límite establecido en la legislación laboral, que perciban dichos trabajadores. Tratándose de los demás trabajadores, el 50% de las remuneraciones por concepto de tiempo extraordinario o de la prestación de servicios que se realice en los días de descanso sin disfrutar de otros en sustitución, que no exceda el límite previsto en la legislación laboral y sin que esta exención exceda del equivalente de cinco veces el salario mínimo general del área geográfica del trabajador por cada semana de servicios.

II. Por el excedente de las prestaciones exceptuadas del pago del impuesto a que se refiere la fracción anterior, se pagará el impuesto en los términos de este Título.

III. Las indemnizaciones por riesgos de trabajo o enfermedades, que se concedan de acuerdo con las leyes, por contratos colectivos de trabajo o por contratos Ley.

IV. Las jubilaciones, pensiones, haberes de retiro, así como las pensiones vitalicias u otras formas de retiro, provenientes de la subcuenta del seguro de retiro o de la subcuenta de retiro, cesantía en edad avanzada y vejez, previstas en la Ley del Seguro Social y las provenientes de la cuenta individual del sistema de ahorro para el retiro prevista en la Ley del Instituto de Seguridad y Servicios Sociales de los Trabajadores del Estado, en los casos de invalidez, incapacidad, cesantía, vejez, retiro y muerte, cuyo monto diario no exceda de quince veces el salario mínimo general del área geográfica del contribuyente, y el beneficio previsto en la Ley de Pensión Universal. Por el excedente se pagará el impuesto en los términos de este Título.

V. Para aplicar la exención sobre los conceptos a que se refiere la fracción anterior, se deberá considerar la totalidad de las pensiones y de los haberes de retiro pagados al trabajador a que se refiere la misma, independientemente de quien los pague. Sobre el excedente se deberá efectuar la retención en los términos que al efecto establezca el Reglamento de esta Ley.

VI.   Los percibidos con motivo del reembolso de gastos médicos, dentales, hospitalarios y de funeral, que se concedan de manera general, de acuerdo con las leyes o contratos de trabajo.

VII.   Las prestaciones de seguridad social que otorguen las instituciones públicas.

VIII.   Los percibidos con motivo de subsidios por incapacidad, becas educacionales para los trabajadores o sus hijos, guarderías infantiles, actividades culturales y deportivas, y otras prestaciones de previsión social, de naturaleza análoga, que se concedan de manera general, de acuerdo con las leyes o por contratos de trabajo.

IX.   La previsión social a que se refiere la fracción anterior es la establecida en el artículo 7, quinto párrafo de esta Ley.

X.   La entrega de las aportaciones y sus rendimientos provenientes de la subcuenta de vivienda de la cuenta individual prevista en la Ley del Seguro Social, de la subcuenta del Fondo de la Vivienda de la cuenta individual del sistema de ahorro para el retiro, prevista en la Ley del Instituto de Seguridad y Servicios Sociales de los Trabajadores del Estado o del Fondo de la Vivienda para los miembros del activo del Ejército, Fuerza Aérea y Armada, previsto en la Ley del

Instituto de Seguridad Social para las Fuerzas Armadas Mexicanas, así como las casas habitación proporcionadas a los trabajadores, inclusive por las empresas cuando se reúnan los requisitos de deducibilidad del Título II de esta Ley o, en su caso, del presente Título.

XI.   Los provenientes de cajas de ahorro de trabajadores y de fondos de ahorro establecidos por las empresas para sus trabajadores cuando reúnan los requisitos de deducibilidad del Título II de esta Ley o, en su caso, del presente Título.

XII. La cuota de seguridad social de los trabajadores pagada por los patrones.

XIII. Los que obtengan las personas que han estado sujetas a una relación laboral en el momento de su separación, por concepto de primas de antigüedad, retiro e indemnizaciones u otros pagos, así como los obtenidos con cargo a la subcuenta del seguro de retiro o a la subcuenta de retiro, cesantía en edad avanzada y vejez, previstas en la Ley del Seguro Social y los que obtengan los trabajadores al servicio del Estado con cargo a la cuenta individual del sistema de ahorro para el retiro, prevista en la Ley del Instituto de Seguridad y Servicios Sociales de los Trabajadores del Estado, y los que obtengan por concepto del beneficio previsto en la Ley de Pensión Universal, hasta por el equivalente a noventa veces el salario mínimo general del área geográfica del contribuyente por cada año de servicio o de contribución en el caso de la subcuenta del seguro de retiro, de la subcuenta de retiro, cesantía en edad avanzada y vejez o de la cuenta individual del sistema de ahorro para el retiro. Los años de servicio serán los que se hubieran considerado para el cálculo de los conceptos mencionados. Toda fracción de más de seis meses se considerará un año completo. Por el excedente se pagará el impuesto en los términos de este Título.

XIV. Las gratificaciones que reciban los trabajadores de sus patrones, durante un año de calendario, hasta el equivalente del salario mínimo general del área geográfica del trabajador elevado a 30 días, cuando dichas gratificaciones se otorguen en forma general; así como las primas vacacionales que otorguen los patrones durante el año de calendario a sus trabajadores en forma general y la participación de los trabajadores en las utilidades de las empresas, hasta por el equivalente a 15 días de salario mínimo general del área geográfica del trabajador, por cada uno de los conceptos señalados. Tratándose de primas dominicales hasta por el equivalente de un salario mínimo general del área geográfica del trabajador por cada domingo que se labore.

XV. Por el excedente de los ingresos a que se refiere la fracción anterior se pagará el impuesto en los términos de este Título.

XVI. Las remuneraciones por servicios personales subordinados que perciban los extranjeros, en los siguientes casos:
   a) Los agentes diplomáticos.
   b) Los agentes consulares, en el ejercicio de sus funciones, en los casos de reciprocidad.
   c) Los empleados de embajadas, legaciones y consulados extranjeros, que sean nacionales de los países representados, siempre que exista reciprocidad.
   d) Los miembros de delegaciones oficiales, en el caso de reciprocidad, cuando representen países extranjeros.
   e) Los miembros de delegaciones científicas y humanitarias.
   f) Los representantes, funcionarios y empleados de los organismos internacionales con sede u oficina en México, cuando así lo establezcan los tratados o convenios.
   g) Los técnicos extranjeros contratados por el Gobierno Federal, cuando así se prevea en los acuerdos concertados entre México y el país de que dependan.

XVII. Los viáticos, cuando sean efectivamente erogados en servicio del patrón y se compruebe esta circunstancia con los comprobantes fiscales correspondientes.

XVIII. Los que provengan de contratos de arrendamiento prorrogados por disposición de Ley.

XIX. Los derivados de la enajenación de:

a) La casa habitación del contribuyente, siempre que el monto de la contraprestación obtenida no exceda de setecientas mil unidades de inversión y la transmisión se formalice ante fedatario público. Por el excedente se determinará la ganancia y se calcularán el impuesto anual y el pago provisional en los términos del Capítulo IV de este Título, considerando las deducciones en la proporción que resulte de dividir el excedente entre el monto de la contraprestación obtenida. El cálculo y entero del impuesto que corresponda al pago provisional se realizará por el fedatario público conforme a dicho Capítulo.

La exención prevista en este inciso será aplicable siempre que durante los cinco años inmediatos anteriores a la fecha de enajenación de que se trate el contribuyente no hubiere enajenado otra casa habitación por la que hubiera obtenido la exención prevista en este inciso y manifieste, bajo protesta de decir verdad, dichas circunstancias ante el fedatario público ante quien se protocolice la operación.

El fedatario público deberá consultar al Servicio de Administración Tributaria a través de la página de Internet de dicho órgano desconcentrado y de conformidad con las reglas de carácter general que al efecto emita este último, si previamente el contribuyente ha enajenado alguna casa habitación durante los cinco años anteriores a la fecha de la enajenación de que se trate, por la que hubiera obtenido la exención prevista en este inciso y dará aviso al citado órgano desconcentrado de dicha enajenación, indicando el monto de la contraprestación y, en su caso, del impuesto retenido.

b) Bienes muebles, distintos de las acciones, de las partes sociales, de los títulos valor y de las inversiones del contribuyente, cuando en un año de calendario la diferencia entre el total de las enajenaciones y el costo comprobado de la adquisición de los bienes enajenados, no exceda de tres veces el salario mínimo general del área geográfica del contribuyente elevado al año. Por la utilidad que exceda se pagará el impuesto en los términos de este Título.

XX. Los intereses:

a) Pagados por instituciones de crédito, siempre que los mismos provengan de cuentas de cheques, para el depósito de sueldos y salarios, pensiones o para haberes de retiro o depósitos de ahorro, cuyo saldo promedio diario de la inversión no exceda de 5 salarios mínimos generales del área geográfica del Distrito Federal, elevados al año.

b) Pagados por sociedades cooperativas de ahorro y préstamo y por las sociedades financieras populares, provenientes de inversiones cuyo saldo promedio diario no exceda de 5 salarios mínimos generales del área geográfica del Distrito Federal, elevados al año.

Para los efectos de esta fracción, el saldo promedio diario será el que se obtenga de dividir la suma de los saldos diarios de la inversión entre el número de días de ésta, sin considerar los intereses devengados no pagados.

XXI. Las cantidades que paguen las instituciones de seguros a los asegurados o a sus beneficiarios cuando ocurra el riesgo amparado por las pólizas contratadas y siempre que no se trate de seguros relacionados con bienes de activo fijo. Tratándose de seguros en los que el riesgo amparado sea la supervivencia del asegurado, no se pagará el impuesto sobre la renta por las cantidades que paguen las instituciones de seguros a sus asegurados o beneficiarios, siempre que la indemnización se pague cuando el asegurado llegue a la edad de sesenta años y además hubieran transcurrido al menos cinco años desde la fecha de contratación del seguro y el momento en el que se pague la indemnización. Lo dispuesto en este párrafo sólo será aplicable cuando la prima sea pagada por el asegurado.

Tampoco se pagará el impuesto sobre la renta por las cantidades que paguen las instituciones de seguros a sus asegurados o a sus beneficiarios, que provengan de contratos de seguros de vida cuando la prima haya sido pagada directamente por el empleador en favor de sus trabajadores, siempre que los beneficios de dichos seguros se entreguen únicamente por muerte, invalidez, pérdidas orgánicas o incapacidad del asegurado para realizar un trabajo personal remunerado de conformidad con las leyes de seguridad social y siempre que en el caso del seguro que cubre la muerte del titular los beneficiarios de dicha póliza sean las personas relacionadas con el titular a que se refiere la fracción I del artículo 151 de esta Ley y se cumplan los demás requisitos establecidos en la fracción XI del artículo 27 de la misma Ley. La exención prevista en este párrafo no será aplicable tratándose de las cantidades que paguen las instituciones de seguros por concepto de dividendos derivados de la póliza de seguros o su colectividad.

No se pagará el impuesto sobre la renta por las cantidades que paguen las instituciones de seguros a sus asegurados o a sus beneficiarios que provengan de contratos de seguros de vida, cuando la persona que pague la prima sea distinta a la mencionada en el párrafo anterior y que los beneficiaros de dichos seguros se entreguen por muerte, invalidez, pérdidas orgánicas o incapacidad del asegurado para realizar un trabajo personal.

El riesgo amparado a que se refiere el párrafo anterior se calculará tomando en cuenta todas las pólizas de seguros que cubran el riesgo de muerte, invalidez, pérdidas orgánicas o incapacidad del asegurado para realizar un trabajo personal remunerado de conformidad con las leyes de seguridad social, contratadas en beneficio del mismo asegurado por el mismo empleador.

Tratándose de las cantidades que paguen las instituciones de seguros por concepto de jubilaciones, pensiones o retiro, así como de seguros de gastos médicos, se estará a lo dispuesto en las fracciones IV y VI de este artículo, según corresponda.

Lo dispuesto en esta fracción sólo será aplicable a los ingresos percibidos de instituciones de seguros constituidas conforme a las leyes mexicanas, que sean autorizadas para organizarse y funcionar como tales por las autoridades competentes.

XXII. Los que se reciban por herencia o legado.

XXIII. Los donativos en los siguientes casos:

a) Entre cónyuges o los que perciban los descendientes de sus ascendientes en línea recta, cualquiera que sea su monto.

b) Los que perciban los ascendientes de sus descendientes en línea recta, siempre que los bienes recibidos no se enajenen o se donen por el ascendiente a otro descendiente en línea recta sin limitación de grado.

c) Los demás donativos, siempre que el valor total de los recibidos en un año de calendario no exceda de tres veces el salario mínimo general del área geográfica del contribuyente elevado al año. Por el excedente se pagará impuesto en los términos de este Título.

XXIV. Los premios obtenidos con motivo de un concurso científico, artístico o literario, abierto al público en general o a determinado gremio o grupo de profesionales, así como los premios otorgados por la Federación para promover los valores cívicos.

XXV. Las indemnizaciones por daños que no excedan al valor de mercado del bien de que se trate. Por el excedente se pagará el impuesto en los términos de este Título.

XXVI. Los percibidos en concepto de alimentos por las personas físicas que tengan el carácter de acreedores alimentarios en términos de la legislación civil aplicable.

XXVII. Los retiros efectuados de la subcuenta de retiro, cesantía en edad avanzada y vejez de la cuenta individual abierta en los términos de la Ley del Seguro Social, por concepto de ayuda para gastos de matrimonio y por desempleo. También tendrá este tratamiento, el traspaso de los recursos de la cuenta individual entre administradoras de fondos para el retiro, entre instituciones de crédito o entre ambas, así como entre dichas administradoras e instituciones de seguros autorizadas para operar los seguros de pensiones derivados de las leyes de seguridad social, con el único fin de contratar una renta vitalicia y seguro de sobrevivencia conforme a las leyes de seguridad social y a la Ley de los Sistemas de Ahorro para el Retiro.

XXVIII. Los que deriven de la enajenación de derechos parcelarios, de las parcelas sobre las que hubiera adoptado el dominio pleno o de los derechos comuneros, siempre y cuando sea la primera trasmisión que se efectúe por los ejidatarios o comuneros y la misma se realice en los términos de la legislación de la materia.

La enajenación a que se refiere esta fracción deberá realizarse ante fedatario público, y el enajenante deberá acreditar que es titular de dichos derechos parcelarios o comuneros, así como su calidad de ejidatario o comunero mediante los certificados o los títulos correspondientes a que se refiere la Ley Agraria.

En caso de no acreditar la calidad de ejidatario o comunero conforme a lo establecido en el párrafo anterior, o que no se trate de la primera transmisión que se efectúe por los ejidatarios o comuneros, el fedatario público calculará y enterará el impuesto en los términos de este Título.

XXIX. Los que se obtengan, hasta el equivalente de veinte salarios mínimos generales del área geográfica que corresponda al contribuyente elevados al año, por permitir a terceros la publicación de obras escritas de su creación en libros, periódicos o revistas, o bien, la reproducción en serie de grabaciones de obras musicales de su creación, siempre que los libros, periódicos o revistas, así como los bienes en los que se contengan las grabaciones, se destinen para su enajenación al público por la persona que efectúa los pagos por estos conceptos y siempre que el creador de la obra expida por dichos ingresos el comprobante fiscal respectivo. Por el excedente se pagará el impuesto en los términos de este Título.

La exención a que se refiere esta fracción no se aplicará en cualquiera de los siguientes casos:

a) Cuando quien perciba estos ingresos obtenga también de la persona que los paga ingresos de los señalados en el Capítulo I de este Título.

b)   Cuando quien perciba estos ingresos sea socio o accionista en más del 10% del capital social de la persona moral que efectúa los pagos.

c)   Cuando se trate de ingresos que deriven de ideas o frases publicitarias, logotipos, emblemas, sellos distintivos, diseños o modelos industriales, manuales operativos u obras de arte aplicado.

No será aplicable lo dispuesto en esta fracción cuando los ingresos se deriven de la explotación de las obras escritas o musicales de su creación en actividades empresariales distintas a la enajenación al público de sus obras, o en la prestación de servicios.

Lo dispuesto en las fracciones XIX inciso b), XX, XXI, XXIII inciso c) y XXV de este artículo, no será aplicable tratándose de ingresos por las actividades empresariales o profesionales a que se refiere el Capítulo II de este Título.

Las aportaciones que efectúen los patrones y el Gobierno Federal a la subcuenta de retiro, cesantía en edad avanzada y vejez de la cuenta individual que se constituya en los términos de la Ley del Seguro Social, así como las aportaciones que se efectúen a la cuenta individual del sistema de ahorro para el retiro, en los términos de la Ley del Instituto de Seguridad y Servicios Sociales de los Trabajadores del Estado, incluyendo los rendimientos que generen, no serán ingresos acumulables del trabajador en el ejercicio en que se aporten o generen, según corresponda.

Las aportaciones que efectúen los patrones, en los términos de la Ley del Instituto del Fondo Nacional de la Vivienda para los Trabajadores, a la subcuenta de vivienda de la cuenta individual abierta en los términos de la Ley del Seguro Social, y las que efectúe el Gobierno Federal a la subcuenta del Fondo de la Vivienda de la cuenta individual del sistema de ahorro para el retiro, en los términos de la Ley del Instituto de Seguridad y Servicios Sociales de los Trabajadores del Estado, o del Fondo de la Vivienda para los miembros del activo del Ejército, Fuerza Aérea y Armada, previsto en la Ley del Instituto de Seguridad Social para las Fuerzas Armadas Mexicanas, así como los rendimientos que generen, no serán ingresos acumulables del trabajador en el ejercicio en que se aporten o generen, según corresponda.

Las exenciones previstas en las fracciones XVII, XIX inciso a) y XXII de este artículo, no serán aplicables cuando los ingresos correspondientes no sean declarados en los términos del tercer párrafo del artículo 150 de esta Ley, estando obligado a ello.

La exención aplicable a los ingresos obtenidos por concepto de prestaciones de previsión social se limitará cuando la suma de los ingresos por la prestación de servicios personales subordinados o aquellos que reciban, por parte de las sociedades cooperativas, los socios o miembros de las mismas y el monto de la exención exceda de una cantidad equivalente a siete veces el salario mínimo general del área geográfica del contribuyente, elevado al año; cuando dicha suma exceda de la cantidad citada, solamente se considerará como ingreso no sujeto al pago del impuesto un monto hasta de un salario mínimo general del área geográfica del contribuyente, elevado al año. Esta limitación en ningún caso deberá dar como resultado que la suma de los ingresos por la prestación de servicios personales subordinados o aquellos que reciban, por parte de las sociedades cooperativas, los socios o miembros de las mismas y el importe de la exención, sea inferior a siete veces el salario mínimo general del área geográfica del contribuyente, elevado al año.

Lo dispuesto en el párrafo anterior, no será aplicable tratándose de jubilaciones, pensiones, haberes de retiro, pensiones vitalicias, indemnizaciones por riesgos de trabajo o enfermedades, que se concedan de acuerdo con las leyes, contratos colectivos de trabajo o contratos ley, reembolsos de gastos médicos, dentales, hospitalarios y de funeral, concedidos de manera general de acuerdo con las leyes o contratos de trabajo, seguros de gastos médicos, seguros de vida y fondos de ahorro, siempre que se reúnan los requisitos establecidos en las fracciones XI y XXI del artículo 27 de esta Ley, aun cuando quien otorgue dichas prestaciones de previsión social no sea contribuyente del impuesto establecido en esta Ley.

Del mandato anterior, derivan ingresos exentos para los trabajadores, que se reciben en algunos supuestos como gastos de previsión social y otros por mandato expreso de ley (por ejemplo, los conceptos previstos en la fracción XIII), conceptos que en su conjunto, con fundamento en el artículo 84 de la Ley Federal del Trabajo, integran el salario del trabajador; lo que reitera que los pagadores de impuestos por el sólo hecho de tener trabajadores, se encuentran vinculados a las modificaciones en las deducciones contempladas en el artículo 28, fracción XXX, de la Ley del Impuesto Sobre la Renta.

¿Procede o no Procede?
Dr. Guillermo Robertson Andrade

Conclusión

¿Procede o no Procede?
Dr. Guillermo Robertson Andrade

A manera conclusión puedo presentar el siguiente corolario:

La calificativa de autoaplicativa sobre la norma reclamada, se puede sintetizar en los siguientes postulados básicos:

Para poder afirmar que la fracción XXX del artículo 28 de la L.I.S.R. es una norma autoaplicativa, me permitiré citar el siguiente ejemplo:

Cuando un contribuyente tiene trabajadores a los cuales otorga previsión social, aplicación que encontramos dentro del pago de las nóminas, ahora bien, dicha autoaplicabilidad se da cuando el causante presente su declaración anual porque, precisamente la L.I.S.R. es de carácter anual.

Asimismo podemos citar otro ejemplo más:

Las fechas de vencimiento para la presentación de amparo indirecto contra el ingreso de la información contable en la página de internet del S.A.T.

Afirmo lo anterior porque las fechas para presentar el amparo indirecto contra el ingreso de la información contable, son las siguientes:

El primer vencimiento de la presentación del amparo indirecto (contra normas generales fracción I artículo 17 Ley de Amparo) venció el día 21 de Mayo de 2015, atendiendo que el día 06 de Abril de 2015, se publicó en el Diario Oficial de la Federación, la segunda modificación a la resolución miscelánea para 2015, y en su cuarto resolutivo, indica que se reforma el párrafo segundo del resolutivo décimo de la primera resolución de modificaciones a la resolución miscelánea fiscal para 2015 publicada el 03 de marzo de 2015. Para quedar como sigue: para los efectos de la regla 2.8.1.5. exclusivamente respecto de la fracción I de la séptima resolución de modificaciones a la R.M.F. para 2014 publicada en el DOF el 18 de Diciembre de 2014, los contribuyentes personas morales y físicas podrán enviar la información contable correspondiente a los meses de enero y febrero 2015, a más tardar el 30 de abril de 2015.

Asimismo, el artículo primero transitorio de la segunda modificación a la resolución miscelánea para 2015 en indica que "la presente resolución entrará en vigor el día siguiente de su publicación en el Diario Oficial de la Federación 07 abril 2015   y concatenado con lo dispuesto en el segundo párrafo de la fracción III del artículo segundo transitorio del Código Fiscal de la

Federación para 2014, respecto a la entrada en vigor de las fracciones III y IV del artículo 28 del mismo código que trata sobre el ingreso de la información contable, las disposiciones de carácter general que emita el S.A.T. deberán prever la entrada en vigor de las obligaciones ahí previstas.

Por lo antes expuesto se tuvieron 30 días hábiles a partir del día 07 de abril de 2015, fecha en que entro en vigor la publicación de la segunda modificación a la resolución miscelánea para 2015.

De la misma forma, para interponer amparo indirecto contra normas generales, esto es a lo que se refiere la autoaplicabilidad de la norma.

El segundo vencimiento de la presentación del amparo indirecto (contra el primer acto de aplicación primer párrafo del artículo 17 de la Ley de Amparo) venció el día 25 de mayo de 2015, atendiendo que la primera obligación de ingresar la información contable en la página de internet del S.A.T, debió de cumplirse el día 30 de abril de 2015, ya que, se tienen 15 días hábiles contados a partir del 30 de abril de 2015, en que se debe de cumplir con el primer acto de aplicación, tal y como lo indica el primer párrafo del artículo 17 de la ley de amparo, tal y como ha quedado expuesto en el párrafo anterior, esto es a lo que se le llama heteroaplicabilidad, sin embargo, en este apartado es de hacer notar que si no se cumplió con la obligación en este caso de subir la contabilidad al portal del S.A.T. no se da dicha heteroaplicabilidad, hasta que o bien, se suba dicha contabilidad al portal del S.A.T. (ahí empiezan a correr los 15 días hábiles que habla el artículo 17 de la Ley de Amparo) o bien sea la propia autoridad hacendaria la que notifique algún requerimiento en cuestión, que igualmente es ahí donde empiezan a correr los 15 días que refiere el cardinal en cuestión.

A partir de la entrada en vigor de la norma reclamada, obliga al sujeto de la norma, ya que al tener trabajadores a su cargo, la limitante en las deducciones de ingresos, afecta al gobernado sin que medie condición alguna.

La afectación a la esfera jurídica del sujeto obligado surge de forma automática con la publicación de la ley y no requiere de acto de aplicación diverso.

La obligación de acatar de manera automática la limitante de las deducciones señaladas, lo vincula desde el momento en que tiene a su cargo trabajadores y al tener pactadas con ellos, obligaciones de previsión social.

En ese orden de ideas, en nuestra opinión, se reitera que el artículo 28, fracción XXX, de la Ley del Impuesto Sobre la Renta, vigente en dos mil catorce, es autoaplicativo, pues su individualización en la esfera jurídica de su destinatario, no está sujeta a condición alguna, y lo vincula desde su entrada en vigor.

Sobre el autor

"La lectura es un placer, el conocimiento es emoción, y en esta vida todo lo que quieras lograr siempre depende solamente de ti", palabras siempre presentes en toda conversación con el Dr. Guillermo Robertson Andrade.

Contador Público, Licenciado en Derecho, Maestro y Doctorando Institucional en Impuestos por el Centro Nacional de Estudios e Investigación Tributaria, A. C., bajo la tesis "La Nueva Defensa Fiscal a través de los Derechos Humanos de los Contribuyentes".

Expositor a nivel nacional, así como Líder reconocido en temas de Planeación y Defensa Fiscal.

Autor de la famosa "Tríada en Defensa Fiscal", que actualmente es distribuida a nivel nacional, siendo de gran utilidad como instrumento de capacitación para especialistas y empresarios, la cual se compone de los siguientes títulos:

"Exégesis de la Ley Federal de los Derechos del Contribuyente".

"Defensa Fiscal vs Visitas Domiciliarias".

"Puntos Finos, Refinados y Afinados de la Defensa Fiscal".

Creador del único video taller 100% práctico online en materia de Defensa Fiscal en contra de Visitas Domiciliarias.

Asesor de diversas empresas a Nivel Internacional (México y Estados Unidos).

Columnista en diversas revistas impresas y electrónicas como lo son: "Vanguardia Fiscal", "Información Fiscal Oportuna", por mencionar algunas.

Experiencia en Litigio y Planeación Fiscal por más de 15 años.

Socio fundador y Presidente del Corporativo Fiscal y Administrativo Robertson, Saracho, Del Peral y Asociados.

Ex-asesor en el H. Congreso del estado de Baja California.

Algunos de sus trabajos se encuentran en la Biblioteca General de la Suprema Corte de Justicia de la Nación así como en el H. Congreso de la Unión.

Bibliografía

1. Constitución Política de los Estados Unidos Mexicanos.

2. Ley del Impuesto Sobre la Renta.

3. Ley de Amparo.

4. Código Fiscal de la Federación.

5. Ley Federal del Trabajo.

6. Revista del H. Tribunal Federal de Justicia Fiscal y Administrativa.

7. Jurisprudencias de la Suprema Corte de Justicia de la Nación.

8. Página de internet de la Suprema Corte de Justicia de la Nación.

102

¿Procede o no Procede?
Dr. Guillermo Robertson Andrade

Contenido

104

¿Procede o no Procede?
Dr. Guillermo Robertson Andrade

¿Procede o no Procede?

"Si tenéis la fuerza, nos queda el derecho."

Victor Hugo